Peregrinos das Sementes Estelares

Manuel Joaquim Gentil

NONSUCH MEDIA PTE. LTD.

SINGAPURA

ISBN: 979-8-89214-087-4

Primeira edição publicada em 2024
Título: Peregrinos das Sementes Estelares

Autor: Manuel Joaquim Gentil
Editora: A. Lee
Design de Capa: Álvaro Oliveira para Nonsuch Media Pte. Ltd.

info@nonsuchmedia.com | nonsuchmedia.com

Índice

I.

Reflexões à Margem do Silêncio

No limiar entre o dito e o indizível, onde a voz do mundo se aquieta, emerge a primeira parta de sonetos intitulada "Reflexões à Margem do Silêncio". Esta série poética convida o leitor a uma jornada introspetiva através das camadas mais profundas da existência humana, explorando os espaços silenciosos que habitam dentro e fora de nós. Cada soneto é uma pérola de sabedoria, um convite para mergulhar nos oceanos internos do ser, onde as ondas do silêncio falam mais alto do que qualquer tumulto externo.

O primeiro soneto, "O Eco Inaudível do Ser", inicia esta exploração com a proposta de que dentro de cada pessoa ressoa um eco único, muitas vezes abafado pelo ruído do quotidiano. Segue-se "Diálogos com o Vazio Ressonante", que propõe uma conversa íntima com o vazio, não como ausência, mas como espaço pleno de potencialidade. Os "Sussurros da Consciência Adormecida" lembra-nos das verdades esquecidas ou ignoradas, sussurradas pela nossa consciência em momentos de quietude.

As "Sombras na Luz do Entendimento" desafia-nos a enfrentar as sombras projetadas pela nossa própria luz, numa busca por um entendimento mais completo de nós mesmos e do mundo ao nosso redor. Em "Entre Linhas de Paz Interior", somos conduzidos por corredores de tranquilidade, descobrindo a paz que reside entre os pensamentos e ações frenéticas. "A Quietude que Fala" celebra o poder transformador do silêncio, que, longe de ser vazio, está repleto de respostas e revelações.

No soneto "Espelhos da Alma Revelada" encontramos os espelhos mais claros e sinceros da nossa alma. Aqui, revelados, somos convidados a olhar para o nosso reflexo mais verdadeiro, ao aceitar e integrar todos os aspetos do nosso ser. Aqui, é explorada a metáfora dos olhos e do olhar como janelas para a alma, sugerindo que é através da sinceridade e da vulnerabilidade que podemos realmente conectar--nos reciprocamente e connosco mesmos.

O Eco Inaudível do Ser

Nas profundezas da alma, silente,
Um eco vaga, inaudível, constante,
Na busca por si, solitário amante,
Descobre o ser, imenso e latente.

No baú de memórias, mente fremente,
Caminha entre o ontem, agora distante,
No hoje, o futuro é um instante,
Ecoa o tempo, no seu curso fluente.

Na quietude, dois versos se encontram,
Reflexos do que fomos, sombras dançam,
Em diálogo mudo, a alma se espelha.

E na última estrofe, um sussurro surge,
Do ser ao nada, a existência urge,
Na poesia, o eco do ser, que a si revela.

Diálogos com o Vazio Ressonante

No silêncio profundo, a noite fala,
Estrelas contam histórias antigas,
O vazio, num sussurro, se exala,
Em ecos, a alma ao infinito vigia.

Lua, confidente de sonhos dourados,
Ilumina a senda dos pensadores,
No seu brilho, mistérios são revelados,
E o coração dos poetas floresce em cores.

Na amenidade, um diálogo se inicia,
Com o universo, a mente se alia,
Revelando segredos, puro fascínio.

E nesse encontro, o ser se redescobre,
No vazio ressonante, a essência se recobre,
Transformando o silêncio num hino divino.

Sussurros da Consciência Adormecida

Nas noites tranquilas, a mente se expande,
Nas sombras, sussurros, suavemente, iluminam,
Consciência adormecida, em sonho,distende,
E aos segredos da alma, docemente, legitimam.

Estrelas guiam o caminho do incerto,
Luzes distantes em escuridão completa,
Expondo o que o coração mantém perto,
Na viagem interior que nos completa.

Desperta a mente, no silêncio, escuta,
A voz interna que, sábia, nos instrui,
Sobrepondo-se à tempestade astuta.

Encontramos paz no sossego subtil,
Onde cada sussurro se transmuta,
Em sabedoria que ao longe nos conduz.

Sombras na Luz do Entendimento

Na busca pela luz, sombras encontramos,
No caminho do saber, dúvidas aparecem,
Nas respostas que ansiosamente amamos,
Mais perguntas, como estrelas, emergem.

Luz do entendimento, resplendor eterno,
Ilumina o vasto mar do desconhecido,
Mas nas sombras, um mistério fraterno,
Nos lembra que o todo nunca é percorrido.

Neste jogo de luz e sombra, entendemos,
Que saber é reconhecer a própria ignorância,
E na humildade dos que pouco sabem, crescemos.

Encontrando paz na sábia tolerância.
Nas sombras que a luz cria, aprendemos,
A beleza da dúvida, da eterna busca, a importância.

Entre Linhas de Paz Interior

Em cada linha escrita, paz se esconde,
No silêncio das palavras, o espírito sonda,
Pela calma interior que o mundo responde,
Nas entrelinhas, a verdade se propaga, redonda.

Navegando mares de tumultuada mente,
Encontramos portos de serenidade,
Onde o coração, em harmonia, contente,
Descansa nas águas da própria claridade.

Na calma, a alma fala, profunda,
Ecoando sabedoria, em luz fecunda,
Ensinando-nos a ver além do olhar.

Entre versos, a paz se revela, natural,
No íntimo do ser, a chama dela,
Ilumina o caminho, ensina a venerar.

A Quietude que Fala

No silêncio profundo, a alma desperta,
Nas ondas calmas do ser, paz se insere,
Na quietude que fala, a mente liberta,
Encontra-se a verdade que o coração prefere.

No silêncio da noite, estrelas sussurram,
Segredos antigos, em silêncio, revelam,
Em cada pausa, novos mundos vislumbram,
E na calma, os véus da ignorância ostentam.

Quietude, mestre sábia, ensina,
Que no vazio, plenitude se alinha,
Na ausência de som, a essência ressoa.

Neste retiro do ruído, clareza se encontra,
No silêncio, a sabedoria aponta,
A paz interior, suavemente, ecoa.

Espelhos da Alma Desvelada

Nos espelhos da alma, olhares se encontram,
Refletindo verdades que palavras não dizem,
Em superfícies límpidas, corações se conectam,
Relatando o que as sombras da dúvida escondem.

Neste reflexo profundo, a essência se mostra,
Desvelando o íntimo, onde o ser habita,
Na transparência do olhar, a alma aposta,
No poder do amor, que toda a dor limita.

No brilho dos olhos, a sinceridade fala,
E na luz que deles emana, a paz embala,
Revisitando o que, no fundo, sempre esteve lá.

Espelho da vida, onde tudo se reflete,
Na alma desvelada, a verdade se completa,
Neste encontro, a própria essência se revelará.

II.

Labirintos da Memória

Nas profundezas da nossa consciência, onde o passado se encontra com o presente e molda o futuro, encontra-se a segunda parte desta jornada poética: "Labirintos da Memória". Esta série de sonetos é um convite para adentrar os corredores sinuosos da memória, aonde cada volta revela um aspeto diferente da nossa história pessoal e coletiva. Aqui, o tempo não é linear, mas exponencial, cheio de texturas, cores e sombras, tecida com as experiências vividas.

"Caminhos Retorcidos no Tempo" abre este percurso, sugerindo que a nossa trajetória através do tempo é tudo menos direta. São os desvios, as curvas inesperadas, que frequentemente nos levam às descobertas mais significativas sobre quem somos. Ele reflete sobre como o tempo, com suas complexidades e mistérios, molda a nossa experiência humana, convidando-nos a explorar as profundezas da nossa própria existência e a encontrar beleza e sabedoria nas voltas e reviravoltas que enfrentamos.

O soneto "Ecos de Lembranças Perdidas" ressoa no espaço seguinte, evocando aquelas memórias que, embora esquecidas, continuam a influenciar o nosso ser de maneiras misteriosas. Ele reflete sobre a natureza efémera do tempo e a importância de reconhecer e valorizar os momentos e as lições que moldaram quem somos.

No soneto seguinte, as "Galerias Ocultas do Coração" convida-nos a explorar os recantos mais íntimos das nossas emoções, onde guardamos os momentos mais preciosos e também aqueles que preferiríamos esquecer. Este soneto, "Galerias Ocultas do Coração", explora a metáfora do coração como um museu complexo e intrincado, repleto de segredos, emoções e histórias pessoais. Incita--nos à introspeção e ao reconhecimento das camadas mais profundas do nosso ser, sugerindo que é através da exploração dessas "galerias ocultas" que podemos encontrar verdadeira compreensão e paz interior.

No soneto "O Peso da História Não Contada" reflete sobre a importância e o impacto das histórias deixadas por contar, seja por esquecimento ou supressão. Sugere que reconhecer e narrar essas histórias é um passo vital para a cura e compreensão coletivas, libertando-nos dos pesos que carregamos inconscientemente.

No soneto "Dança das Sombras Passadas" recorda-nos que o nosso passado dança ao nosso redor, projetando sombras que podem tanto ensinar quanto confundir. É um convite para aceitar e compreender estas sombras como parte integrante da nossa existência. A seguir, no soneto "Reflexos de Uma Vida Vivida" propõe uma reflexão sobre a natureza efémera da vida, capturando a beleza e a tristeza dos momentos que passam e se transformam em memória. Adicionalmente, contempla a jornada da vida como um reflexo da alma, onde cada experiência e escolha contribui para a formação do ser. Encoraja-nos a refletir sobre o passado com gratidão e o reconhecimento das lições aprendidas ao longo do caminho, sugerindo que, em última análise, é a procura por significado e sabedoria que nos define.

Por fim, "A Chave dos Segredos Guardados" encerra a segunda parte destes sonetos com a promessa de que, dentro dos labirintos da nossa memória, existem segredos à espera para serem descobertos. Este soneto inspira-se na ideia de que todos carregamos segredos profundos, muitas vezes esquecidos ou suprimidos, que influenciam quem somos. Assim como reflete sobre a jornada de autoconhecimento e a busca pela "chave" que nos permite aceder e libertar estes segredos, sugerindo que este processo é fundamental para a nossa libertação e crescimento espiritual. Recordando-nos que estes segredos, uma vez revelados, têm o poder de iluminar o nosso caminho e oferecer uma compreensão mais profunda da nossa jornada.

A secção "Labirintos da Memória" é, portanto, uma exploração poética dos recônditos da nossa mente, onde o passado se encontra com o presente numa dança eterna. Estes sonetos são um convite para abraçar a complexidade das nossas memórias, reconhecendo-as como fonte de sabedoria, aprendizagem e, acima de tudo, como o tecido que nos une na experiência partilhada da humanidade.

Caminhos Retorcidos no Tempo

Por caminhos retorcidos, o tempo se desdobra,
Por entre as frestas do agora, a história sobra,
Nas espirais da memória, o passado cobra,
E no eco dos anos, a sabedoria obra.

Na sombra de árvores ancestrais,
Pisamos folhas caídas, em rituais,
Onde cada passo é um verso no universo,
E cada momento, um capítulo disperso.

Na curva de cada estrada, uma lição,
Nos giros do destino, uma canção,
Que nos ensina a dançar com a brisa.

No labirinto do tempo, encontramos portas,
Que nos levam a dimensões mais tortas,
Onde o sereno espírito se eterniza.

Ecos de Lembranças Perdidas

Nas profundezas da memória, ecos vagueiam,
Lembranças perdidas, em sombras, se esgueiram,
Cada sussurro, um fragmento de história,
Que no silêncio da noite, ressoa em glória.

São vozes do passado, que ao vento confiam,
Segredos esquecidos, que as horas desfiam,
No tecido do tempo, as suas marcas deixam,
Como estrelas cadentes, que no céu se espreitam.

Nesta viagem ao âmago do ser,
Descobre-se o elo, o eterno querer,
Que liga o agora ao que foi outrora.

Em cada eco, uma hipótese de aprender,
Que mesmo perdidas, as lembranças têm poder,
De iluminar o caminho que se explora.

Galerias Ocultas do Coração

Nas galerias ocultas do coração, segredos moram,
Em cada canto escuro, sentimentos afloram,
Como obras de arte, em silêncio clamam,
Por olhos que vejam, por almas que adoram.

Nas paredes pulsantes, histórias pintadas,
De amores e dores, em cores misturadas,
Cada batida revela, um novo capítulo,
Em corredores profundos, o amor é implícito.

Neste labirinto íntimo, a luz se esconde,
Mas em cada reviravolta, a verdade responde,
Guiando passos na busca incessante.

Por entre as sombras, o autoconhecimento,
Na galeria do ser, encontra-se o alento,
Nas câmaras secretas, o espírito é constante.

O Peso da História Não Contada

Sob o véu do esquecimento, histórias jazem,
Nas sombras do silêncio, verdades deslizam,
Cada segredo guardado, um fardo pesa,
Na alma do mundo, a memória tropeça.

Em cada página não virada, um eco distante,
De vidas não vividas, de um tempo hesitante,
Onde o não dito, em sussurros, se propaga,
E no coração da terra, uma lágrima abafa.

Mas na luz da consciência, a carga se alivia,
Ao narrar o oculto, a alma se desafia,
Libertando o peso de éons retidos.

A história não contada encontra voz,
No coro dos esquecidos, ergue-se atroz,
E nos versos do tempo, somos redimidos.

Dança das Sombras Passadas

Nas bordas do dia e da noite, sombras dançam,
Entre o agora e o ontem, memórias avançam,
Na luz ténue da estrela d'alva, revelam-se,
Num balé de mistérios, elas espelham-se.

Com passos de silêncio, na penumbra tecem,
Histórias esquecidas que ao luar florescem,
Em cada movimento, uma era ressurge,
Na valsa do tempo, o passado emerge.

Na dança das sombras, o coração se encontra,
Entre o que foi e o que será, a alma pontua,
Divulgando segredos guardados na escuridão.

Neste palco etéreo, onde o espiritual se manifesta,
Aprendemos que mesmo na penumbra, a vida é festa,
E nas sombras passadas, encontramos a nossa lição.

Reflexos de Uma Vida Vivida

Em espelhos d'alma, a vida reflete,
De cada escolha, uma história se projeta,
Nos olhos do tempo, o ser se completa,
Na trama tecida, o destino se aceita.

Nas águas calmas do rio que flui,
Imagens passadas na corrente balançam,
Em cada reflexo, lições que conduzem,
À sabedoria que os anos traduzem.

Com gratidão, cada passo é reverenciado,
Nas sendas percorridas, o amor é encontrado,
No espelho da vida, a verdade resplandece.

Na jornada do ser, a alma se eleva,
Em cada reflexo, um novo enigma se revela,
E na passagem do tempo, a essência permanece.

A Chave dos Segredos Guardados

Em câmaras escondidas, segredos repousam,
Sob sete fechaduras, mistérios acostumam-se,
Cada alma possui um baú, profundamente oculto,
Onde o não dito descansa, em silêncio sepulto.

Nas entranhas do ser, uma chave perdida,
Que abre as portas da essência, tão bem escondida,
Narrando verdades, em sombras guardadas,
Com peso do tempo, em camadas sagradas.

Mas ao encontrar a chave, a luz se infiltra,
Alumiando o que foi, na escuridão, trilha,
Soltando o passado, a alma se alivia,

Neste ato de coragem, o espírito se eleva,
Na liberdade encontrada, a vida se renova,
E nas chaves dos segredos, a paz se concebe.

III.

Cantos da Existência Fragmentada

Na terceira secção desta odisseia poética, somos convidados a explorar os "Cantos da Existência Fragmentada", uma série de sonetos a navegar pelas águas turbulentas do ser humano em busca de unidade e do significado num mundo muitas vezes fragmentado. Mediante uma linguagem que mistura a musicalidade com a introspeção, cada soneto serve como um espelho a refletir as diversas facetas da experiência humana, desde as fissuras do nosso íntimo até a harmonia possível de ser alcançada.

As "Harmonias do Ser Partido" inicia esta jornada, toca nas cordas sensíveis da nossa condição fragmentada, mas ressoa com a esperança de encontrar uma melodia que una esses pedaços dispersos. É um convite para reconhecer e aceitar as contradições internas como parte da música da vida. Este soneto, explora a beleza e a complexidade da recuperação e crescimento pessoal após experiências de dor e quebra. Sugere-nos que, assim como uma obra musical rica em harmonias e dissonâncias, a nossa jornada emocional e espiritual é composta de altos e baixos que, em última instância, contribuem para nossa completa expressão e evolução.

Seguindo, "Melodias da Busca por Inteireza" expressa o anseio constante pelo completo, pela sensação de pertencer e propósito num mundo que frequentemente nos faz sentir incompletos. Aqui, refletimos sobre a incessante jornada do ser humano em busca de completude e entendimento próprio. Essa busca é como uma melodia contínua, onde cada experiência e revelação contribui para a construção de uma harmonia mais profunda e significativa, guiando o indivíduo a uma maior compreensão de si e do mundo ao seu redor.

A seguir, passamos para o soneto Os "Acordes Dissonantes da Realidade" que ecoa a complexidade do mundo ao nosso redor, reconhecendo que a dissonância é uma parte inevitável da existência. Este soneto, contempla a complexidade da existência humana através da metáfora da música, sugerindo que, assim como uma composição musical rica em dissonâncias pode criar uma experiência auditiva mais profunda e significativa, os desafios e contrastes da vida contribuem para o nosso crescimento e entendimento. A mensagem inspiradora aqui é de que, mesmo diante das dissonâncias da realidade, há sempre espaço para a esperança e renovação.

Este soneto, "Compassos da Diversidade Humana", celebra a rica tapeçaria da humanidade, enfatizando como as nossas diferenças — culturais, raciais, ideológicas — contribuem para a beleza e complexidade do coletivo humano. Inspirador e filosófico, reflete sobre a importância da inclusão, do respeito mútuo e da celebração da diversidade como elementos fundamentais para a construção de um mundo mais harmonioso e espiritualmente evoluído.

"Sinfonias do Encontro Contigo" traz à luz o momento mágico do autoconhecimento, quando nos confrontamos com a nossa essência mais profunda e descobrimos a música interna que nos define. Este soneto analisa a profundidade e a beleza dos encontros humanos que transcendem o físico para tocar o espiritual e filosófico, propondo que, no encontro com o outro, há também um encontro consigo mesmo, um reflexo que nos permite compreender melhor a nossa essência. Inspirador e repleto de amor, o poema celebra a conexão humana como uma sinfonia de emoções e descobertas, onde cada momento partilhado compõe uma nova e bela melodia na orquestra da vida.

O soneto que se segue, "Ritmos da Transformação Pessoal", inspira-se na jornada de autodescoberta e crescimento individual, comparando a vida a uma complexa peça musical onde cada experiência contribui para a nossa evolução espelhando sobre como os desafios funcionam como ritmos que impulsionam a nossa transformação, e como, através da superação e da reflexão, podemos encontrar harmonia e paz internas.

Por fim, "A Última Nota no Silêncio", inspira-se na ideia de que, no mais profundo silêncio, encontramos as respostas e verdades mais significativas sobre a nossa existência. Este soneto reflete uma jornada espiritual e filosófica, sugerindo que, no vazio aparente, há uma riqueza de sabedoria e revelação à espera de ser descoberta. Este soneto é uma porta para explorar os espaços silenciosos dentro de si mesmo, sugerindo que é nesse silêncio que a essência da vida pode ser verdadeiramente compreendida e apreciada.

Esta secção "Cantos da Existência Fragmentada" é, portanto, uma viagem através dos sons e silêncios da alma humana, um convite para dançar ao ritmo das nossas próprias vidas, reconhecendo e celebrando a diversidade, a transformação e a busca incessante pela harmonia. No meio das fragmentações, somos chamados a compor a sinfonia única da nossa existência, encontrando, na música do nosso ser, a chave para a integração e o sentido.

Harmonias do Ser Partido

Em fragmentos de alma, a vida se dispersa,
No espelho do ser, a imagem inversa,
Partido ao meio, o coração busca cura,
Nas harmonias subtis, encontra a costura.

Cada pedaço, uma nota em sinfonia,
Na dor e alegria, compõe a melodia,
Entre acordes de pranto e riso entrelaçados,
São nas dissonâncias que somos afinados.

Na quebra, a luz penetra, revelando caminhos,
Em rachaduras, brotam novos carinhos,
A beleza da cicatriz, a arte de se refazer.

Neste concerto da vida, cada ser é maestro,
Regendo com bravura o desfeito,
E nas harmonias do ser partido, aprende a renascer.

Melodias da Busca por Inteireza

Na vastidão do ser, uma busca se inicia,
Por entre vales e montes, a alma anseia,
Por inteireza, em fragmentos, o coração clama,
Em cada passo, a esperança de um novo dia.

No céu de incertezas, a estrela guia,
Clareia o caminho onde a verdade semeia,
Nas melodias da busca, a voz não se cala,
Ecoando no universo, a força que permeia.

No silêncio, respostas ao vento são lançadas,
Em harmonias ocultas, verdades são abraçadas,
Pela música da vida, o espírito é tocado.

Nesta jornada eterna, a alma se funde,
Nos acordes do destino, o ser se reencontra,
E nas melodias da busca, a inteireza é alcançada.

Acordes Dissonantes da Realidade

Neste palco da vida, onde tudo se entrelaça,
Na grande cortina do tempo, a verdade se desfaz,
Entre acordes dissonantes, a realidade dança,
Na música do ser, a esperança ainda avança.

Cada nota que soa, um mistério revela,
Em harmonias complexas, a alma se apela,
Por compreensão, entre o caos e a beleza,
Nas cordas do destino, toca a natureza.

Na dissonância, aprendemos o valor do contraste,
No choque das notas, a essência que se afaste,
Mas é na tensão que o crescimento se faz presente.

E na resolução dos acordes, encontramos paz,
Na sinfonia da existência, cada ser se refaz,
Nos acordes dissonantes, a realidade se torna fluente.

Compassos da Diversidade Humana

Em cada rosto, uma história, um mundo distinto,
Debaixo da mesma lua, corações batem sem instinto.
Diversidade cria a grandeza da humanidade,
Nos compassos da vida, encontra-se a verdade.

Cores, vozes, sonhos num mosaico vibrante,
Unidos na consonância, somos todos importantes.
A riqueza do ser, na sua pluralidade, se revela,
Na diversidade, a essência da vida inspira.

Nos passos desta dança, aprendizagem e afeto,
Entre diferenças, o respeito é o concerto.
Na orquestra do mundo, cada nota é essencial.

Harmonia surge quando acolhemos cada parte,
Na música da existência, diversidade é arte,
Nos compassos humanos, a união faz o celestial.

Sinfonias do Encontro Contigo

No labirinto do ser, onde as almas se cruzam,
Em silêncios profundos, os corações escutam-se.
A busca incansável, pelo outro, por si,
Nas sinfonias do encontro, o amor aqui descobri.

Por caminhos entrelaçados, destinos tocam-se,
Em olhares que falam, sentimentos afloram.
Neste jogo do existir, onde tudo é mistério,
O encontro contigo, o mais belo critério.

No espelho do outro, a própria essência reflete,
Na união das almas, o verdadeiro se completa.
Amor, ponte entre mundos, em harmonia divina.

Nas sinfonias do encontro, a vida se redefine.
No compasso deste amor, o universo se alinha,
Contigo, cada momento, uma nova sinfonia.

Ritmos da Transformação Pessoal

Nos ritmos da vida, a alma dança, se transforma,
Em passos de mudança, o ser inteiro reforma.
Cada dia, uma nota na partitura do crescer,
No compasso do tempo, aprendemos a ser.

Desafios são ritmos que nos fazem evoluir,
Em harmonia com o Eu, podemos construir.
A dor, pausa necessária, no silêncio, reflexão,
No ritmo da superação, encontra-se a canção.

Na melodia da existência, o crescimento ressoa,
Transformação pessoal, em cada ato ecoa.
No palco da vida, somos artistas principais.

A nossa essência, em constante composição,
Nos ritmos da transformação, há redenção,
E na dança do ser, descobrimos paz e muito mais.

Última Nota no Silêncio

Na quietude do ser, onde o silêncio habita,
Desponta a última nota, tão subtil, infinita.
No vazio que ecoa, melodias do coração,
Exprimindo no silêncio, a mais pura canção.

Entre linhas do destino, escritas sem pressa,
Surge a poesia da alma, na sua beleza expressa.
Cada verso, um suspiro, na imensidão do ser,
No silêncio profundo, aprendo a ler.

Neste templo interior, onde tudo é mais claro,
A última nota vibra, destapando o raro.
Na harmonia do nada, a essência se revela.

Sinfonia do ser, em quietude profunda,
Onde o espírito ascende, e a matéria se funda,
Na última nota, a vida eterna espelha.

IV.
Trilhas na Busca pelo Significado

A jornada eterna da humanidade, que se estende por entre os sonhos e as realidades, é marcada por uma busca incessante de significado. Este é o solo fértil de onde surgem os próximos sonetos, reflexões poéticas que desejam capturar a essência dessa exploração profunda e pessoal. São como um feixe de luz no escuro, guiando-nos pelas estradas sinuosas da introspeção e da compreensão. Antes de mergulharmos nas profundas águas dos versos, paramos para reconhecer o mapa estelar sob o qual navegamos: o anseio universal de compreender o nosso lugar no cosmos.

No soneto "O Horizonte Além da Dúvida", é possível observar que o horizonte se alarga e revela uma variedade de possibilidades inestimáveis. A superação da incerteza atiça a chama da esperança, acendendo a luz cálida da compreensão que aguarda com paciência no horizonte do amanhã.

Passamos ao soneto "Pontes sobre Rios de Incertezas", no qual, confrontados com os rios da incerteza, são construídas pontes duvidosas com a tenacidade do espírito humano. Cada travessia é uma demonstração de perseverança, que nos impulsiona, apesar das adversidades da vida, rumo a regiões ainda não identificadas.

A seguir, apresentaremos um mapa do território desconhecido. Cada passo é uma descoberta, cada escolha representa uma marca no mapa da existência. O inesperado, antes considerado um temor, se torna um desafio acolhedor, um desafio aguardando a solução por parte da mente inquisitiva e do coração empreendedor.

Passamos ao soneto "Faróis na Noite da Indagação". Na escuridão da noite da indagação, os faróis de sabedoria e verdade brilham como estrelas-guia. Apesar de serem breves, esses momentos de claridade oferecem conforto e orientação, uma lembrança de que, mesmo nas mais escuras noites, a luz da compreensão permanece inalterada.

No soneto "Estrelas-Guia da Compreensão", guiados pelas estrelas da compreensão, navegamos pelos oceanos tumultuados da existência, procurando portos seguros de conhecimento e intuição. Cada estrela, uma resposta; cada constelação, uma teoria que desvenda os segredos do universo e do Eu.

No poema "O Destino da Jornada Interior", conclui-se que, ao buscar o significado, a verdade é mais profunda: o destino não é um lugar, mas um estado de ser. A verdadeira descoberta não está nas respostas encontradas ao longo do caminho, mas na transformação que o viajante experimenta, uma metamorfose que o conecta ao todo.

A busca pelo significado é uma jornada que abrange tanto a exploração do cosmos quanto a viagem ao coração da alma humana. Em cada gesto, palavra, suspiro do vento, há a eterna pergunta: "Qual é o sentido?" Talvez, justamente nessa busca incessante, esteja o significado verdadeiro da vida.

Passos na Areia do Questionamento

Na areia suave, passos fazem-se notar,
Caminho marcado sob o céu a cintilar.
Cada pegada, uma questão a brotar,
No vasto deserto do ser a indagar.

Reflexos da lua guiam-nos sem cessar,
Neste percurso eterno, a se debater.
Onde a dúvida surge, ousamos pisar,
Buscando nas estrelas razões para crer.

"Quem sou?", ecoa na noite sem fim,
Um sussurro leve, ao vento entregue.
"Por que aqui estou?", questiona o jardim.

Passos na areia, viagem da alma,
Rumo ao saber, onde o coração acalma.

Em flores de luz, a resposta se espreita.

O Horizonte Além da Dúvida

Além da dúvida, um horizonte se abre,
Em cores que o pensamento descreve.
Neste vasto campo, a alma se embrenha,
Buscando o saber que eternamente se empenha.

Na túnica azul, a certeza se esvaece,
E na imensidão, novos sonhos nascem.
É na incerteza que a fé floresce,
E nos corações inquietos, respostas jazem.

"Qual o sentido?", pergunta o olhar distante,
A olhar o infinito, onde tudo se encontra.
Na linha ténue do agora com na do antes.

A esperança, como farol, nos aponta.
No horizonte além, a verdade se insinua,
Guiando-nos à luz, onde a alma continua.

Pontes sobre Rios de Incertezas

Sobre rios de incertezas, pontes lançamos,
Construídas de fé, por mãos trémulas e fortes.
Por caminhos incertos, passos damos,
Guiados pela luz das estrelas nortes.

Nas águas escuras, reflexos buscamos,
De verdades escondidas entre muitos nortes.
Em cada onda, uma dúvida enfrentamos,
Seguimos, somos nossos próprios suportes.

"Para onde vou?", a alma questiona,
Enquanto o rio sob a ponte serpenteia.
"O que me espera?", averigua, e entoa.

Canções de coragem, na jornada alheia.
Assim, sobre incertezas, a esperança coroa,
E em cada passo, a fé se semeia.

Mapas do Território Desconhecido

Em mapas do território desconhecido,
Traçamos rotas com mãos vacilantes.
No papel, o futuro é um labirinto,
Cheio de caminhos, destinos pulsantes.

Navegamos mares nunca antes vistos,
Com bússolas guiadas por estrelas brilhantes.
Cada marco, uma lição dos tempos idos,
Nos ensina a ser mais resilientes, confiantes.

"O que encontrarei?", pergunta o coração,
Ao desbravar terras onde os pés nunca pisaram.
"A que mistérios darei a minha mão?"

Indaga a mente, enquanto os olhos admiram.
Exploramos o vasto desconhecido,
Com fé e coragem, pelo destino tecido.

Faróis na Noite da Indagação

Nos mares da indagação, a noite é densa,
E os faróis são perguntas a brilhar.
Guiam-nos através da escura imensa,
Onde as respostas tentamos encontrar.

Cada luz, um porquê, uma crença,
Que nos faz, no escuro, navegar.
São estrelas na noite imensa,
Que nos ajudam o caminho a trilhar.

"De onde venho?", a luz que nos guia,
Esclarece o passado, revela mistérios.
"Para onde vou?", outra luz, outro dia.

Desvenda futuro, desfaz impérios.
Na noite da indagação, a poesia,
Nos leva a portos, longe dos sérios.

Estrelas-Guia da Compreensão

No céu do pensamento, estrelas-guia cintilam,
Luzes de compreensão em noite escura.
Desenham caminhos, não vacilam,
Guiando-nos à sabedoria pura.

São faróis que na caminhada nos trilham,
Por entre dúvidas, a rota segura.
Na imensidão do saber, elas brilham,
Oferecem à alma paz tão pura.

"Quem sou eu?", pergunta a estrela primeira,
Inspiram a essência, o ser, a quimera.
"O que é a verdade?", segue a companheira.

Desvendando véus, onde a luz impera.
Neste universo de busca verdadeira,
São as estrelas-guia que a mente aclara.

O Destino da Jornada Interior

Na viagem mais íntima, o destino chama,
Por sendas internas, a alma se lança.
Em busca de si, acende a própria flama,
Encontra no espírito a sua esperança.

Cada passo é um verso que aclama
A coragem, nesta jornada de bonança.
Descobre-se o eu, longe de toda a trama,
Na quietude, o coração descansa.

"Que mistérios o meu ser contém?",
Investiga a alma, no seu retiro.
"Que luzes na minha essência têm?"

Pergunta ao espelho do rio límpido.
Neste percurso, onde o eu é o bem,
O destino da jornada é o infinito.

V.
Espelhos da Verdade Escondida

Na quinta parte da nossa jornada de poesia, intitulada "Espelhos da Verdade Escondida", atingimos um nível de interação entre o reflexo e a realidade, numa dança complexa e reveladora. Com sete versos cuidadosamente esculpidos, somos convidados a mergulhar nas profundezas da consciência humana, onde as águas calmas e os espelhos distorcidos nos confrontam com as "nuances" da perceção e da verdade.

O primeiro soneto, "Reflexões Profundas nas Águas Calmas", é um prelúdio introspetivo, convida a observar além da superfície tranquila, despertando para as verdades submersas que habitam as nossas almas. Em seguida, o soneto "Imagens Diferenciadas pela Perceção" revela como os nossos sentidos, por vezes, nos enganam, moldam a realidade conforme os nossos receios, desejos e preconceitos, num revigorante de subjetividade inerente à experiência humana.

O terceiro soneto, intitulado "Revelações no Crepúsculo da Consciência", transporta para o momento mágico entre o sono e a vigília, onde as verdades mais subtis podem emergir em breves 'flashes', o que nos permite compreender de forma mais aprofundada o nosso ser e o mundo ao nosso redor. O soneto "Fragmentos de Realidades Paralelas" aprofunda esta perspetiva, ao sugerir que vivemos num mosaico de realidades paralelas, cada uma contendo uma fração da verdade maior.

"Vislumbres do Invisível" motiva a apurar o nosso sentido, a fim de perceber o que está oculto aos sentidos, mas que está presente no coração. O poema "A Verdade Além do Reflexo" desafia a questionar as aparências, a procurar a essência que está além da imagem refletida. Por fim, o soneto "Unidade na Multiplicidade do Ser" celebra a diversidade e a unidade da existência, reconhecendo que, embora possamos parecer fragmentados, somos partes de um todo ligado, cada um a refletir e a conter o universo.

Reflexões Profundas nas Águas Calmas

Nas águas tranquilas, reflexão se esconde,
Silêncio que fala, em murmúrios, responde.
Na calmaria, o espelho d'alma se funde,
Revela segredos onde a verdade abunde.

Na superfície, o profundo se expõe,
Em águas serenas, o coração repousa e propõe.
Cada onda, um pensamento que flui e compõe,
Histórias de vida, em silêncio, se entrelaçam e opõem.

"Quem sou?", na quietude, a alma apura,
Procura nas águas calmas a sua sagrada cura.
"Para onde vou?", o reflexo subtilmente murmura .

Mostra caminhos onde a luz vaga.
Neste espelho d'água, a verdade se desvenda,
E na jornada interior, a paz se estenda.

Imagens Distorcidas pela Perceção

Nas águas da mente, imagens turvam-se,
Distorcidas visões que os olhos observam.
Perceção falha, onde verdades se curvam,
Em reflexos enganosos, os sentidos se servem.

A realidade, um véu que a mente desdobra,
Mostra-se diversa na luz que absorva.
Na tela interna, o pensamento inteira-se e cobra,
Por imagens fiéis, que a verdade renova.

"O que vejo é real?", a consciência questiona,
Perdida em miragens que a alma aprisiona.
"Como discernir?", a sabedoria explana.

Guiando-nos além do que se abandona.
Entre perceções, a verdade se molda,
No espelho da alma, a luz pura acolha.

Revelações no Crepúsculo da Consciência

No crepúsculo da mente, onde sonhos despertam,
Revelações surgem, em silêncios que acertam.
Na fronteira subtil do ser, verdades libertam,
Luzes que na escuridão, gentilmente, acertam.

Entre a vigília e o sono, um portal se abre,
Dimensões ocultas, onde o espírito sabe.
Nesta hora incerta, a consciência abre,
E no limiar do sonhar, a verdade cabe.

"Quem realmente sou?", na penumbra se escuta,
Ecoando em sombras, a pergunta astuta.
"Qual o meu propósito?", a alma luta.

Rastreando respostas que a noite enxuta.
Nesse momento efémero, a sabedoria visita,
Iluminando caminhos, a alma se agita.

Fragmentos de Realidades Paralelas

Nos véus do infinito, realidades entrelaçam-se,
Caminhos que se bifurcam, em mistérios que abraçam.
Cada escolha feita, um novo mundo a revelar,
Fragmentos de existências, na trama a costurar-se.

Neste emaranhado cósmico, sonhos se conectam,
Vidas paralelas, em espelhos, se refletem.
Um labirinto de possibilidades, subtis e amplas,
Onde cada alma no seu destino, as suas verdades estampa.

"O que teria sido, se outro caminho eu tivesse tomado?",
A mente questiona, pelo desconhecido fascinado.
"Estou onde deveria estar?", dúvida que faz morada.

Em busca de sinais, nas realidades entrecruzadas.
Entre os fragmentos, uma verdade se desenha,
No cerne do ser, a luz eterna acalenta.

Vislumbres do Invisível

Além do véu que aos olhos se apresenta,
Há um mundo invisível, vasta extensão.
Onde o etéreo e o finito se assentam,
Visões além da nossa compreensão.

Neste reino onde o espírito se aventura,
Mistérios e maravilhas sem par.
A alma, na sua mais pura feitura,
Vislumbra o que não pode explicar.

"O que é real?", a mente inquieta indaga,
Perdida entre o visível e o que está além.
Na busca pela verdade que se alaga.

No invisível, a resposta vem.
Neste silêncio, onde o ser se encontra,
A luz do inefável, suavemente, desponta.

A Verdade Além do Reflexo

Na superfície lisa de um espelho, olhamos,
Colhemos mais do que a forma que reflete.
Além do reflexo, uma verdade clamamos,
Um entendimento que o coração promete.

Nas profundezas da nossa própria imagem,
Histórias ocultas e sonhos esquecidos.
Cada linha, cada marca, uma viagem,
O nosso ser mais profundo, ali, contido.

"Quem sou eu?", a alma sussurra, curiosa,
Olhando além da carne, em busca de luz.
Na quietude, a resposta se mostra generosa.

Revelando que somos mais do que supõe a cruz.
No reflexo, aprendemos a ver com clareza,
A verdade da nossa infinita grandeza.

Unidade na Multiplicidade do Ser

No tecido da existência, fios entrelaçam-se,
Diversos, distintos, em unidade, abraçam-se.
Somos muitos em um, vasto mosaico a tecer,
Na multiplicidade do ser, buscamos compreender.

Cada alma, uma história, um universo particular,
Juntas, formam o todo, impossível de separar.
Na diversidade, a nossa força e beleza residem,
Unidos, mesmo quando as diferenças nos dividem.

"Somos um", o espírito do mundo sussurra ao vento,
Nessa conexão, encontramos o nosso verdadeiro alento.
Na harmonia das diferenças, a paz se faz presente.

Uma lembrança constante de que, essencialmente,
Somos feitos da mesma essência, luz e pó,
Na unidade do ser, o amor é o maior tesouro.

VI.
Diálogo com o Infinito

No soneto "Conversas com o Universo Interior", onde a luz da consciência ainda treme suavemente, surge um diálogo silencioso. Aqui, em sussurros quase impercetíveis, conversamos com o Universo que habita dentro de nós, buscando respostas que só o silêncio pode oferecer. No seguinte soneto, intitulado "Cartas para o Eu Superior", com palavras de esperança e fé, escrevemos cartas para o nosso Eu Superior, lançando-as no oceano infinito das nossas almas. São missivas de amor-próprio, pedidos de orientação, reconhecimento da nossa eterna conexão com o divino.

No soneto "Sinais do Cosmos Dentro de Nós", a vida nos envia sinais através do cosmos que habita dentro de cada um. Este soneto narra um período de revelação, quando o universo se comunica com o nosso através de sincronicidades e intuições, fornecendo-nos uma orientação para a nossa jornada.

Em "A Linguagem das Estrelas Interiores", tratamos da linguagem secreta das estrelas que habitam o nosso interior, uma linguagem relacionada à luz e à sombra, à luz e à vontade. Este soneto é uma ode à beleza misteriosa dessa comunicação celestial, que nos conecta às verdades mais profundas do nosso ser.

Em seguida, seguimos para o soneto "Portais para Dimensões do Ser", no qual cada um de nós carrega portais secretos que nos levam a dimensões desconhecidas do ser. Este soneto é uma viagem através dos véus da realidade, uma viagem que explora novas perspetivas de existência e consciência.

No soneto "O Enlace com o Todo", celebramos o enlace sagrado com o Todo, a união mística com o tecido vital do universo. É o reconhecimento da nossa interatividade com o mundo, uma forma de reconhecer a nossa participação numa dança cósmica infinita.

O soneto "O Sopro da Vida Universal" encerra a sua jornada, simboliza o sopro da vida universal, a força vital que rege cada partícula do cosmos. Este soneto presta uma homenagem ao mistério e à magia que regem a existência, ao fluxo incansável que nos mantém unidos e nos une à grande teia da existência.

Conversas com o Universo Interior

Na quietude da alma, em noite serena,
Busco o diálogo com o meu ser, tão pleno.
Nas estrelas, vejo reflexos internos,
Universo vasto, mistérios eternos.

Silêncio profundo, a mente se aquieta,
Conversas sem voz, a alma interpreta.
Cada pensamento, uma constelação,
Sentimentos fluem como oração.

No coração, um templo, sagrado altar,
Onde o amor divino vem se manifestar.
Sopro da vida, em harmonia subtil.

Ecoa na essência, destino febril.
Nesta jornada, o espírito se eleva,
No universo interior, a paz se revela.

Cartas para o Eu Superior

À pena confio os meus segredos mais puros,
Cartas ao Eu, em busca de portos seguros.
Nas linhas, desenho caminhos e muros,
Revelo-me inteiro, nos versos mais duros.

Por entre as palavras, a alma se expõe,
Escrevo à luz de velas que não se apagam.
Neste diálogo, verdades propõem-se,
Em cartas ao Eu, que o tempo não acalenta.

Sábio interno, guia-me na escuridão,
Neste mar profundo de introspeção.
Revela o caminho onde brilha a verdade,

No silêncio, ouço a tua voz serena,
Eleva a minha alma, que antes pequena,
Encontra no Eu, a sua maior liberdade.

Sinais do Cosmos Dentro de Nós

Nas veias do ser, um cosmos se esconde,
Sinais subtis que o universo responde.
No íntimo, estrelas tecem destinos,
Dentro de nós, brilham caminhos divinos.

Na pulsação da vida, um eco distante,
Mensagem celeste, sussurro constante.
As nossas almas, com os astros se alinham,
Em harmonia cósmica, se afinam.

Cada suspiro, uma nova galáxia,
No olhar, a profundidade de Andrómeda.
Somos poeira estelar, magia.

Conexão ancestral, força que guia.
No coração, o amor é nossa via,
Sinal do cosmos, que em nós irradia.

A Linguagem das Estrelas Internas

Em cada peito, um céu noturno se desdobra,
Estrelas internas, em silêncio, conversam.
Linguagem secreta, que almas absorvam,
Na noite escura, o seu brilho nos obra.

Navegamos mares de constelações internas,
Decifrando códigos de luzes eternas.
São guias sussurrantes em noites modernas,
Na linguagem das estrelas, verdades ternas.

Elas falam de amor, em frequência pura,
Cada centelha, uma nova abertura.
Na vastidão do ser, encontramos porto.

Sob a bússola estelar, o caminho é curto.
No universo do peito, a paz é morada,
Pela linguagem das estrelas, a alma é guiada.

Portais para Dimensões do Ser

Em cada gesto, um portal se abre,
Para dimensões onde o ser se labre.
Na tessitura do tempo, fios entrelaçam-se,
Em nós, universos e sonhos abraçam-se.

Por estes portais, a consciência viaja,
Explorando esferas onde a alma deseja.
Nas profundezas do ser, verdades debruçam-se,
Sobre pontes de luz, as nossas sombras enlaçam-se.

Neste mergulho, a essência se revela,
Dimensões do ser, onde a paz é faísca.
Aqui, o coração é o guia mais fiel.

Pelos portais do ser, desvela-se o céu.
Na jornada interna, descobrimos a chama,
Que em cada peito, subtilmente,nos clama.

O Enlace com o Todo

Na trama do existir, fios entrelaçam-se,
Unindo o eu ao todo em dança divina.
Neste enlace sagrado, a vida se alinha,
No tecido cósmico, as almas abraçam-se.

Cada respirar, um ato de conexão,
Com o universo vasto, em constante expansão.
Os nossos corações, pulsares de uma canção,
Em harmonia com a eterna vibração.

Na essência do ser, a unidade se revela,
O enlace com o todo, a mais pura aguarela.
Somos parte do cosmos, na sua beleza rara.

Na tapeçaria da vida, cada fio declara.
Neste mosaico infinito, a nossa luz se espalha,
No enlace com o todo, a alma enfim descalça.

O Sopro da Vida Universal

No vasto cosmos, um sopro dá origem,
A vida dança, em ritmos infinitos.
Neste sopro universal, caminhos são escritos,
Almas viajam, no tempo, sem vertigem.

Na essência de tudo, uma força pulsa,
Unindo estrelas, átomos, e seres distantes.
Este alento divino, entre os instantes,
Tece a trama da existência, vasta e ululante.

Cada ser, um reflexo desta chama etérea,
No sopro da vida, a união é a esfera.
Dentro de nós, o universo inteiro ressoa.

Com a canção que aos céus ecoa.
Na dança cósmica, somos fios de luz,
Pelo sopro da vida, ao todo nos conduz.

www.ingramcontent.com/pod-product-compliance
Lightning Source LLC
Chambersburg PA
CBHW040110150726
48005CB00013B/1644